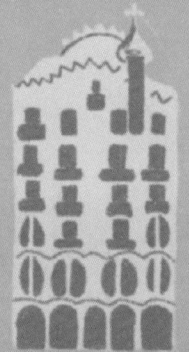

LA RAMBLA

NATIONAL GEOGRAPHIC KiDS

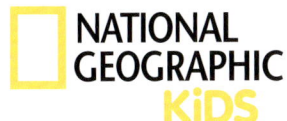

Pequeños exploradores

Vamos a descubrir

BARCELONA

Textos de Daniela Celli

Ilustraciones de Laura Re

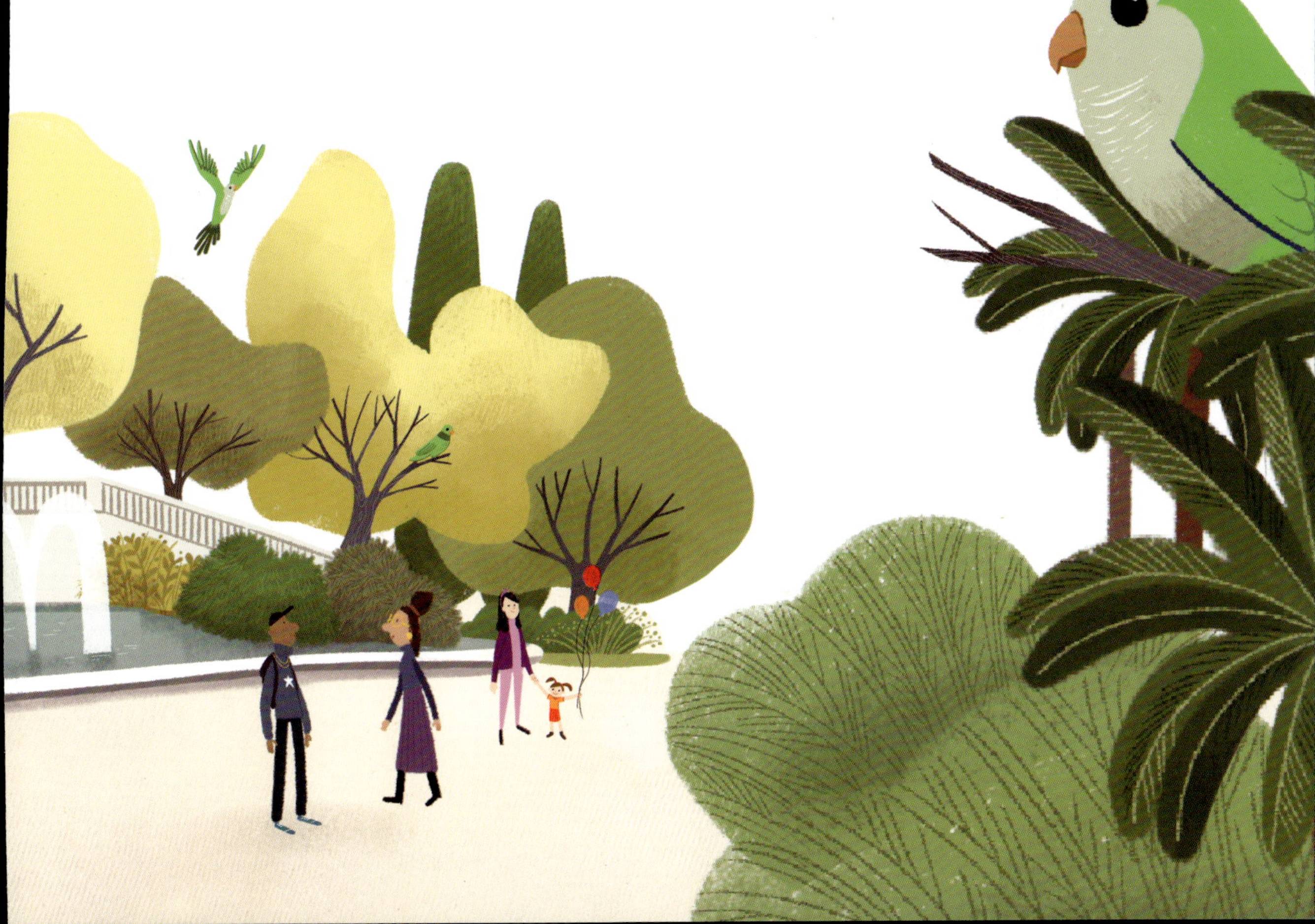

RESERVADO A LOS PADRES

¿Conoces ese juego en el que hay que comparar un lugar con un color o un objeto que lo representa? Para mí, Barcelona es un libro, pero no uno cualquiera, sino un fantástico y colorido volumen de cuentos de hadas.
NO HAY LUGAR EN ESTA EXTRAORDINARIA CIUDAD QUE NO SEA CAPAZ DE HACERTE VOLAR LEJOS CON LA IMAGINACIÓN: TE SUMERGE EN MUNDOS POBLADOS POR DRAGONES, GANSOS GUARDIANES Y CATEDRALES TALLADAS COMO BOSQUES.

¿Y no crees que una ciudad llena de historias es el lugar ideal para llevar a pasear a los niños?
Este libro pretende ser una valiosa ayuda para entusiasmarlos y guiarlos por la ciudad.
En su interior encontrarás cuatro itinerarios que incluyen algunos de los principales lugares de Barcelona acompañados de mapas, juegos, historias y curiosidades para permitir que incluso los más pequeños comiencen a conocer la capital catalana de una manera imaginativa y atractiva.
¡PARA VIAJAR DESDE EL SOFÁ O PARA PLANIFICAR UNA AUTÉNTICA VISITA!
En su interior, está todo lo que más le ha gustado a mis hijos caminando entre calles y paseos y que, espero, también pueda fascinar a tus pequeños exploradores.

Daniela Celli

A las maravillosas chicas
del *Bookclub dei Viaggiatori*,
por el entusiasmo, la pasión y el brillante
deseo de explorar el mundo juntas.
Una página a la vez.

2

¡HOLA AMIGOS, ME PRESENTO!

Mi nombre es EL DRAC y, como puedes imaginar fácilmente, soy un dragón.
Pero no te preocupes, ¿eh?
En mi familia ha habido alguna que otra oveja negra, pero yo no lastimaría ni a una mosca.
¡Mi plato favorito son las patatas! Además, estoy totalmente enamorado de mi preciosa
Barcelona y muy contento de acompañarte a descubrir los lugares de esta ciudad mágica
que, con sus leyendas y sus extravagantes palacios, parece sacada de un cuento de hadas.
¿Sabías, por ejemplo, que en el techo del Palau Güell hay chimeneas que parecen helados
invertidos? ¿Y que Casa de les Punxes está cubierta por gigantescos
"sombreros de bruja"?
Así que, si tienes curiosidad por saber más, podemos comenzar el viaje.
He preparado para ti cuatro divertidas rutas que nos llevarán a descubrir asombrosos
edificios y mágicos parques, iglesias y ramblas.
Cada ruta comienza con un mapa, donde encontrarás representadas las etapas previstas
y cada vez que tengamos hambre... ¡iremos de tapas!
¡No desesperes, en las próximas páginas te explicaré todo!

¿YA LO TIENES TODO LISTO PARA PARTIR?

ÍNDICE

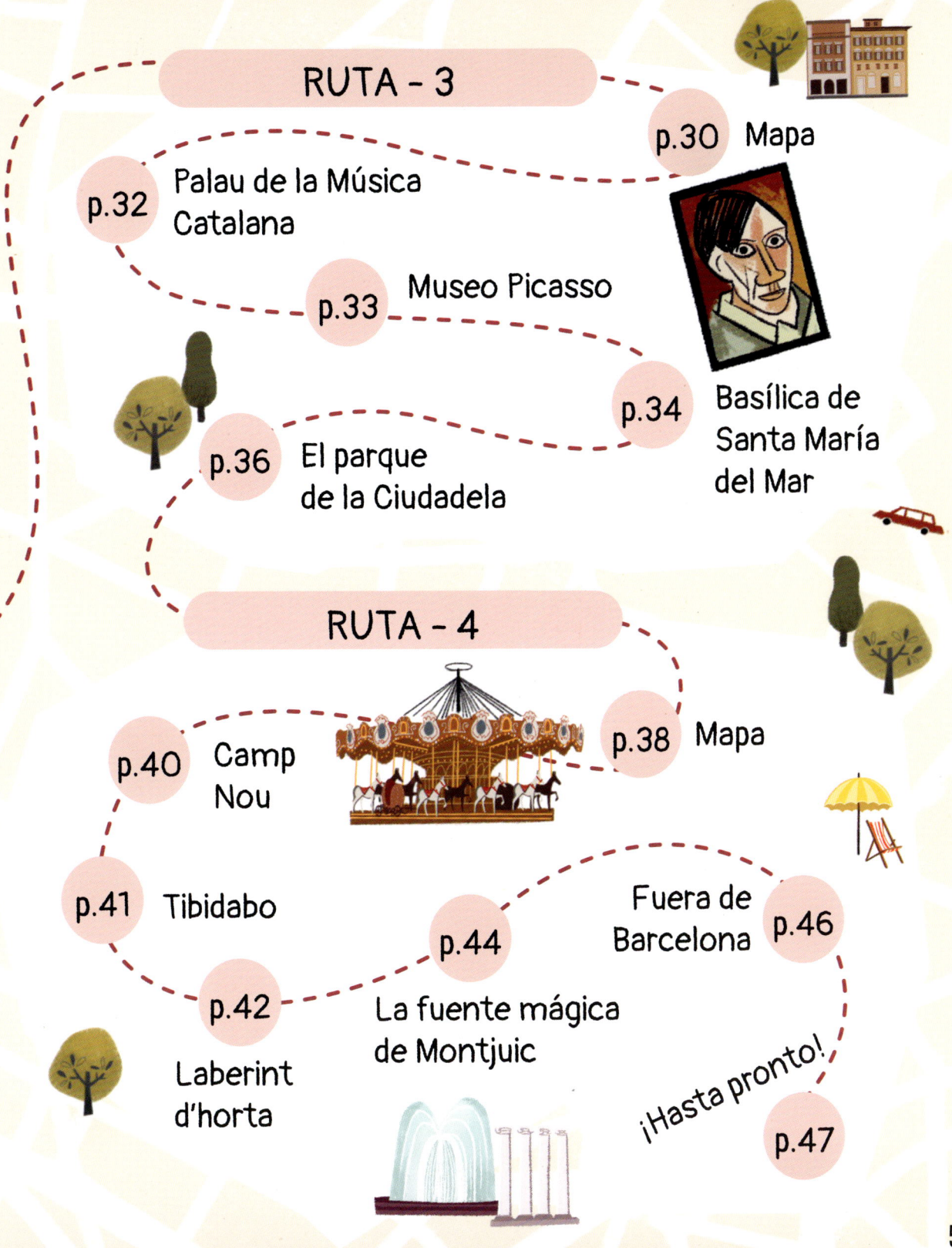

BARCELONA

¡Buenos días, peque, te damos la bienvenida a Barcelona!

1 PARC GÜELL

5 SAGRADA FAMILIA

2 CASA DE LES PUNXES

3 CASA BATLLÓ

4 CASA MILÀ (LA PEDRERA)

Nuestro primer día comienza dentro de un parque realmente de cuento de hadas donde saldremos en busca de animales extraños. Desde aquí nos bajaremos en autobús hasta el barrio del Eixample para comenzar a caminar por la Ruta del Modernismo, un itinerario que recorre las maravillas arquitectónicas más extravagantes de la ciudad. Y, finalmente, la última parada: una catedral que también es un bosque, tan mágico que se puede ver de toda Barcelona.

LA LEGENDARIA NAVE
DE HÉRCULES

UNA DE LAS
BALDOSAS ROJAS

• Un nombre heroico

Según una antigua leyenda, un día, Hércules —el legendario héroe hijo de Zeus, célebre por su fuerza— navegaba con una flota en la costa catalana cuando a causa de una tormenta perdió su novena embarcación.

EL BARCO FUE ENCONTRADO AL PIE DE UNA COLINA, UN LUGAR TAN BELLO QUE SE DECIDIÓ FUNDAR UNA CIUDAD QUE SE LLAMÓ... ¡BARCANONA!

• El sendero de las baldosas rojas

La ruta MODERNISTA es un recorrido pensado para descubrir todos los lugares caracterizados por un estilo arquitectónico extravagante y único. El sendero está marcado por pequeñas baldosas rojas de forma redonda en las que está grabado el *panot de flor*, la Rosa de Barcelona.

PARC GÜELL

¿Qué te parece si empezamos a explorar la ciudad
desde uno de sus lugares más fabulosos?

Parc Güell es un extraordinario parque situado sobre la colina del Carmel donde todo parece extraño: desde los bancos hasta las escaleras, las estatuas e incluso las casas que parecen haber salido de un cuento de hadas.

• El sueño del Conde

El proyecto para la realización del parque fue confiado, hace más de un siglo, al genial y extravagante arquitecto ANTONI GAUDÍ por un noble hombre de negocios, Eusebi Güell. El conde Güell tenía un sueño: crear una gran ciudad-jardín lejos del caos. Lamentablemente, el trabajo nunca se completó y de las sesenta casas previstas solo se construyeron tres, ¡pero como puedes ver, el resultado es maravilloso!

• ¿Vamos a cazar Animales?

Una de las cosas más DIVERTIDAS que se pueden hacer en el parque es descubrir los numerosos animales que lo pueblan: escondidos entre escaleras y fuentes, en los tejados, entre las gárgolas o en los balcones anidan serpientes y leones, pulpos y osos.

Entre ellos, el más famoso, el que se ha convertido en el SÍMBOLO DE BARCELONA, es el Drac, una colorida salamandra de más de dos metros de largo que domina una de las fuentes de la hermosa escalera monumental.

¿QUÉ DICES,
SE PARECE UN
POCO A MÍ?

• Cuando se rompe no se tira

La salamandra, al igual que muchas otras obras de GAUDÍ, como el larguísimo banco ondulado de la Plaza de la Naturaleza, está decorada con una técnica llamada trecandís que consiste en recubrir la superficie con pequeños fragmentos de cerámica reciclada. En tu opinión, ¿cuántas tazas habrán tenido que romper para cubrirla toda?

SI TIENES CURIOSIDAD POR SABER MÁS SOBRE ESTE IMAGINATIVO ARQUITECTO Y SUS OBRAS, ¡PASA PÁGINA!

CASA DE LES PUNXES

¡Roar!, soy muy feliz, ¡cada vez que vuelo aquí arriba me siento un poco como en casa!

¿No te parece también a ti que CASA DE LES PUNXES se parece a una mansión? De hecho, el arquitecto que la construyó se inspiró nada menos que en *Neuschwanstein*, el famoso castillo bávaro de los cuentos de hadas.

• Tres hermanas

Este extraño edificio de 1905, que una vez incluyó las casas de TRES HERMANAS, está compuesto por seis torres medievales cubiertas con grandes agujas puntiagudas de colores brillantes.

¿NO SE PARECEN A UNOS SOMBREROS DE BRUJAS?

• Lugares por descubrir

¡Hay muchos detalles ocultos! Por ejemplo, si miras hacia arriba, verás cinco paneles diferentes, uno de los cuales representa la leyenda de SAN JORGE Y EL DRAGÓN. ¿La conoces? Ejem..., yo prefiero las historias con final feliz.

SI QUIERES SABER MÁS SOBRE SANT JORDI, VUELA A LA PÁGINA 22.

CASA BATLLÓ

¡Vente! ¡Nos espera otro edificio espectacular!

Esta sorprendente vivienda fue comprada por un rico fabricante de telas en 1903, pero al hombre le pareció tan aburrida la fachada que decidió encargar su renovación a GAUDÍ, cuya imaginación y originalidad ya eran muy conocidas. El resultado fue un techo que parece (¡je!) el lomo de un dragón, columnas parecidas a patas de elefante, balcones que parecen cráneos sostenidos por huesos y chimeneas de formas coloridas y sinuosas.

¡Y EL INTERIOR NO ES MENOS EXTRAVAGANTE! SI ENTRAS, NO OLVIDES RECOGER LA TABLET EN LA TAQUILLA, ESTÁ REPLETA DE CONTENIDOS EN REALIDAD VIRTUAL QUE TE SUMERGIRÁN EN EL UNIVERSO MÁGICO DE GAUDÍ.

CASA MILÀ (LA PEDRERA)

Seguimos las baldosas rojas y continuamos por el Passeig de Gracia,
¡hay otra increíble mansión esperándonos!

La Casa Milà es conocida como La Pedrera debido a la piedra con la que está construida que recuerda a los bloques de roca de una cantera ("pedrera" en catalán significa "cantera").
Parece una enorme montaña ondulada coronada por un bosque de chimeneas guerreras desplegadas en una batalla.

¡Hay quien dice que el director de Star Wars se inspiró en ellos para diseñar los cascos de los soldados imperiales!

• ¡Vamos a la cima!
La mejor manera de admirar todas las maravillosas rarezas que la componen es subir en ascensor hasta la terraza de la azotea desde donde se disfruta de unas magníficas vistas de Barcelona.

Desde aquí se desciende a través
del ático, el apartamento donde vivía
la familia Milà y luego el patio,
colorido como si fuera un bosque tropical.

CUANDO SE TERMINÓ EN 1912, MUCHOS CONSIDERARON
QUE LA CASA ERA RIDÍCULA. ¿TÚ QUÉ OPINAS?

LA CASA MILÀ FUE EL ÚLTIMO EDIFICIO QUE
CONSTRUYÓ GAUDÍ ANTES DE DEDICARSE POR
COMPLETO A SU OBRA MÁS FAMOSA:
LA SAGRADA FAMILIA.
DA LA VUELTA A LA PÁGINA PARA SABER MÁS.

SAGRADA FAMILIA

Amic meu: me complace presentarte...
¡la iglesia católica apostólica romana inconclusa más grande del mundo!

En 1881, gracias a las donaciones de algunos devotos, un filántropo español compró una manzana entera de Barcelona. Quería construir allí un gran TEMPLO ESPIRITUAL y después de un año decidió confiar las obras a Gaudí.

El joven arquitecto tomó tan en serio este proyecto que, desde ese entonces, durante 43 años, le dedicó cada minuto de su vida. Se dice que, a menudo, para ganar tiempo, ¡incluso dormía dentro de la iglesia!

• **Un verdadero récord**
Gaudí diseñó la Sagrada Familia para que fuera visible desde cualquier parte de la ciudad. Una vez terminadas las agujas, con sus 172 metros, la iglesia se convertiría en LA CATEDRAL MÁS ALTA DEL MUNDO.

Busca y encuentra
Un gallo, una tortuga, un pato, un burro , un gato y un perro (todas son estatuas presentes en la iglesia).

¡DESCUBRAMOS JUNTOS OTRAS CURIOSIDADES
SOBRE LA SAGRADA FAMILIA!

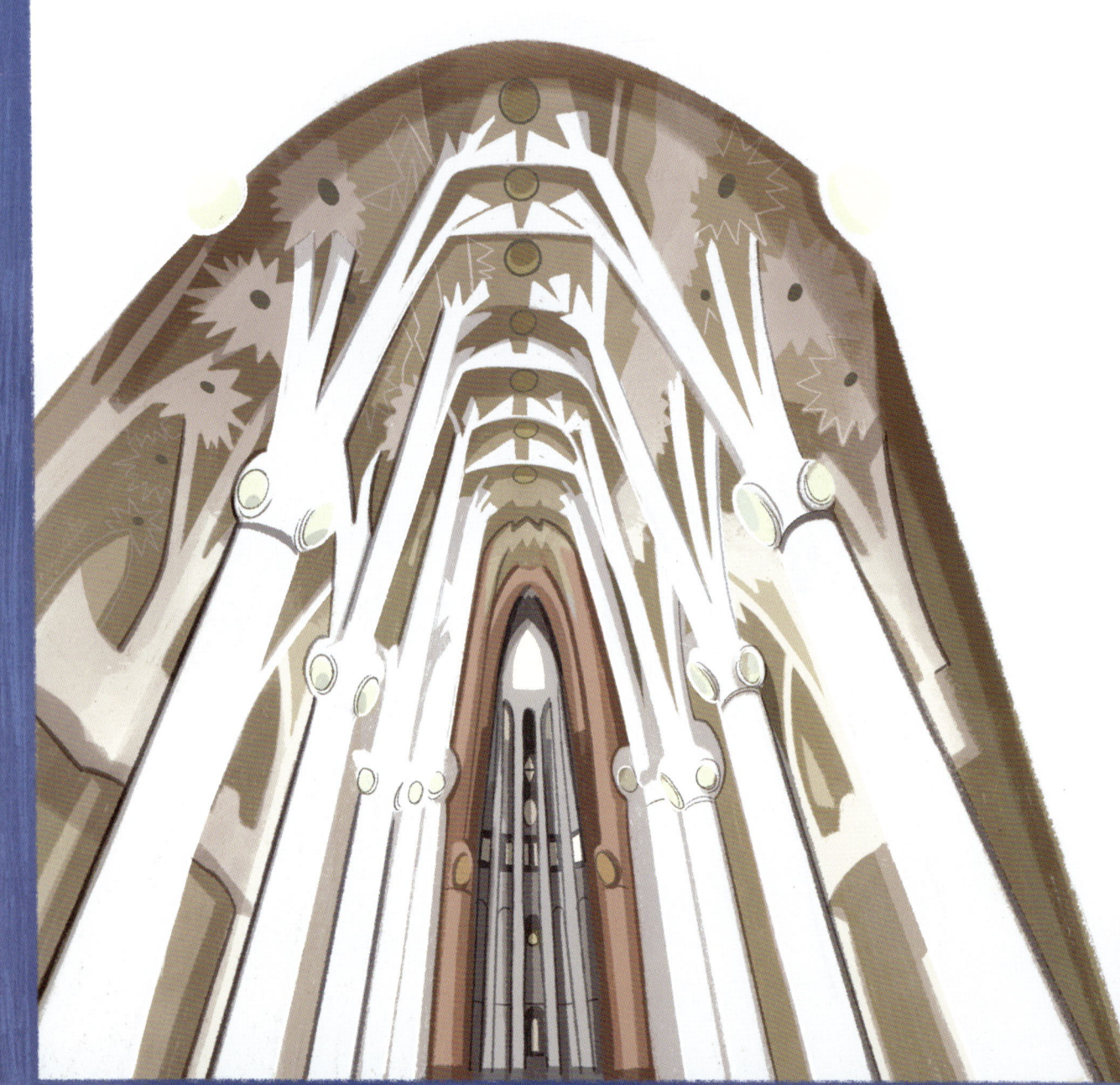

• Características distintivas: aún en construcción

Después de casi un siglo y medio, las obras para construir la Sagrada Familia siguen en marcha. Se dice que Gaudí, que era un ferviente católico, al referirse a Dios solía decir: «¡Mi cliente no tiene prisa!»

• Maestra Naturaleza

Inspirándose en la querida naturaleza del pequeño pueblo donde pasaba los veranos de niño, el joven artista diseñó la iglesia como si fuera un bosque hecho de muchas columnas en forma de árbol cuyas ramas sostienen la estructura.

OBSERVA BIEN CADA DETALLE
Y NOTARÁS QUE TODO LO QUE VES
RECUERDA DE ALGUNA MANERA
AL REINO VEGETAL Y ANIMAL.

• Un accidente fatal

Un terrible día de 1926, mientras después de un día de trabajo cruzaba distraídamente la calle, Gaudí fue arrollado por el tranvía número 30. Por desgracia, las heridas eran tan graves que murió en el hospital tres días después.
Tenía 74 años.

¡Observa bien en el mapa y vamos!

2 LA CATEDRAL DE BARCELONA

LA RAMBLA

1 LAS RAMBLAS

TAPAS Y...

3 EL MERCADO DE LA BOQUERÍA

4 PALAU GÜELL

Hoy pasearemos por la célebre rambla, la avenida arbolada que divide los barrios del Raval y el Barrio Gótico. Beberemos de una fuente mágica y descubriremos qué hacen unos gansos barrigones dentro de una iglesia; comeremos tapas en el mercado más colorido de Barcelona y finalmente subiremos a un fabuloso tejado para ir a cazar un... ¡perro pastor catalán!

¿TE VIENES?

... ¡UN VASO CON TAPA!

• ¡Es hora de tapas!

Una deliciosa costumbre de los españoles es ir de tapas, es decir, ir de local en local comiendo pequeñas raciones de sabrosas ESPECIALIDADES ESPAÑOLAS. De estos apetitosos aperitivos existen innumerables variedades, a base de carne, pescado, huevos, patatas, pero también jamón, chorizo y queso.

• Un vaso con tapa, por favor

Según una antigua leyenda, las tapas nacieron hace más de dos siglos cuando un tabernero tuvo la idea de tapar el vaso de un cliente con una loncha de jamón para evitar que entraran las moscas. ¡El hábito se extendió rápidamente hasta que se hizo normal acompañar las bebidas con una (o muchas) «tapas»!

LAS RAMBLAS

Querido peque, ¿estás listo para dar un paseo por una de las calles más famosas del mundo?

Hace unos siglos, la Rambla era un arroyo; luego se empezaron a construir las casas y el lecho del río se secó hasta convertirse en una bonita avenida arbolada. Con poco más de un kilómetro de longitud, está dividido en cinco partes que terminan con la Rambla de Mar, una sugerente pasarela suspendida sobre el agua que atraviesa el Puerto Viejo.

• *Rambla de Canaletas*

«Si bebes agua de la FUENTE de Canaletas, siempre quedarás enamorado de Barcelona. Y por más lejos que vayas, siempre volverás». Si ya te estás enamorando un poquito, habrá que dar crédito a la leyenda.

TE DOY UNA PISTA PARA RECONOCERLA:
¡SE PARECE A UNA FAROLA!

• Rambla de Santa Mónica

¿Ves la columna alta que señala el final de la avenida? En su parte superior se encuentra la estatua de Cristóbal Colón. Dentro del monumento se esconde un ascensor que lleva a los pies del explorador.

¡QUÉ VISTA TAN MARAVILLOSA SE PUEDE DISFRUTAR DESDE AQUÍ ARRIBA!

• Rambla de Caputxins

Hay muchas cosas que ver, pero la más oculta está debajo de tus pies. Mira hacia abajo y presta atención al mosaico de Miró.

¿QUIERES UNA PISTA? ¡TIENE OCHO METROS DE ANCHO Y CINCO COLORES DIFERENTES!

CADA ABRIL, LAS RAMBLAS SE CUBREN DE ROSAS Y LIBROS. ¡DA LA VUELTA A LA PÁGINA PARA SABER MÁS!

• Rambla de les Flors

¡Es el tramo más colorido y fragante de las Ramblas! No solo por los puestos de flores, sino porque aquí se encuentra el legendario Mercado de la Boquería.

NO SÉ TÚ, PERO YO YA ME SIENTO DESFALLECER... ROARR.

• Rambla dels Estudios

Llamada así por la Universidad, en realidad es apodada Rambla dels Ocells. De hecho, una vez albergó un mercado de aves muy ruidoso y aún hoy en día HAY PUESTOS que venden loros y camachuelos.

¡SI TIENES HAMBRE, CORRE A LA PÁGINA 26!

LA LEYENDA DE SANT JORDI

Hace mucho tiempo, según una antigua leyenda, un antepasado mío lejano (la oveja negra de la familia) aterrorizaba a los habitantes de una pequeña ciudad de Cataluña. Para mantenerlo a raya había que sortear cada día a un ciudadano que, ejem, se convertía en su comida. Pero cuando le tocó el turno a la princesa, apareció un valiente caballero que desenvainó la espada y (¡socorro!) mató al dragón. También se dice que de la sangre del animal florecieron rosas y que Sant Jordi le regaló una a la doncella.

• Rosas y libros

Cada primavera, durante la Diada de Sant Jordi, la ciudad celebra a su patrón con un día extraordinario en el que es tradición regalar rosas y... ¡libros!

PORQUE EL 23 DE ABRIL ES TAMBIÉN ¡EL DÍA MUNDIAL DEL LIBRO!

• A la caza de pistas

Gaudí adoraba esta leyenda y la «escondió» en muchas de sus construcciones. Por ejemplo, los balcones de la casa Batlló representan LOS HUESOS de las víctimas del dragón, los azulejos del techo parecen ESCAMAS y las cruces de cuatro brazos representan la espada ensartada en el animal.

LA CATEDRAL DE BARCELONA

¡Te damos la bienvenida a la iglesia más importante de Barcelona!

Su verdadero nombre es Catedral de la Santa Cruz y Santa Eulalia y es uno de los edificios más antiguos de la ciudad. Las obras comenzaron en 1298 por orden del rey Jaime I, pero tardó 150 años en completarse. Mira bien a tu alrededor porque es un lugar lleno de TESOROS, ESCULTURAS, FRESCOS, pero también JARDINES salpicados de palmeras, magnolias, naranjos y claustros que esconden secretos, curiosidades e incluso... ¡unos guardianes insólitos!

• La historia de los trece gansos de Santa Eulalia

¿Qué hacen trece gansos blancos en el claustro de la catedral? Se dice que durante las obras de construcción, algunos ladrones intentaron entrar en la iglesia, pero huyeron por el espantoso graznido de los gansos del guardián.

¡DESDE ENTONCES SON CONSIDERADOS LOS GUARDIANES DE LA CATEDRAL!

• L'Ou com balla (El huevo que baila)

Cada año, durante el Corpus Christi, una importante fiesta religiosa que se remonta a hace 700 años, se acostumbra «hacer bailar» un huevo colocándolo en el surtidor de la fuente en el claustro.

¡PARA EVITAR «LA TORTILLA», EL HUEVO SE VACÍA PRIMERO Y EL AGUJERO SE SELLA CON CERA!

EL MERCADO DE LA BOQUERÍA

¡Vamos a visitar uno de los mercados más grandes de Cataluña!

Hace unos siglos, vendedores ambulantes y campesinos se reunían fuera de las murallas de Barcelona para vender sus mercancías sin tener que pagar impuestos. Con el paso de los siglos, el mercado al aire libre se hizo cada vez más importante, hasta que se creó una estructura para cubrirlo. Hoy en día, la Boquería alberga más de 300 puestos que venden productos tradicionales y las más variadas delicias: ¡aceitunas, quesos, especias, cascadas de frutas, dulces y huevos de todos los colores y tamaños!

• **¿Por qué se llama "Boquería"?**
Según una antigua leyenda, la puerta de acceso a la ciudad era tan bonita que al pasar por ella la gente se quedaba boquiabierta.
En realidad, es más probable que el nombre derive del hecho de que se vende la carn de boc, es decir, la carne de cabra.

• ¡Me gustan las tapas!
¿Qué te parece si descansamos y disfrutamos de unas tapas? A mí me vuelven loco las tortillas de patatas y las patatas bravas, sabrosas patatas asadas cubiertas de salsa picante.

¡Busca y encuentra

Jamón ibérico
Bacalao
Ensaladilla rusa
Chorizo
Tomate

PALAU GÜELL

Ahí está, escondida al final de una callecita,
¡la increíble casa del Conde Güell!

El conde Güell vivía en una casa de la Rambla de los Capuchinos junto a su numerosa familia; tras el nacimiento de su séptimo hijo (¡tuvo diez!) comenzó a comprar todos los apartamentos vecinos con la idea de crear una sola gran vivienda. Las obras se encomendaron al fiel Gaudí y el resultado fue un EDIFICIO DE SIETE PLANTAS con una superficie total de 2850 metros cuadrados, ¡lo que equivale a casi cuatro pistas y media de tenis!

• Un techo de cuento de hadas

La terraza que se encuentra en la azotea del Palau Güell es un fantástico carnaval de extrañas chimeneas, casi todas revestidas de cerámica con la técnica del trecandís.

¿NO TE PARECEN TAMBIÉN A TI UNOS GIGANTESCOS CONOS DE HELADO INVERTIDOS?

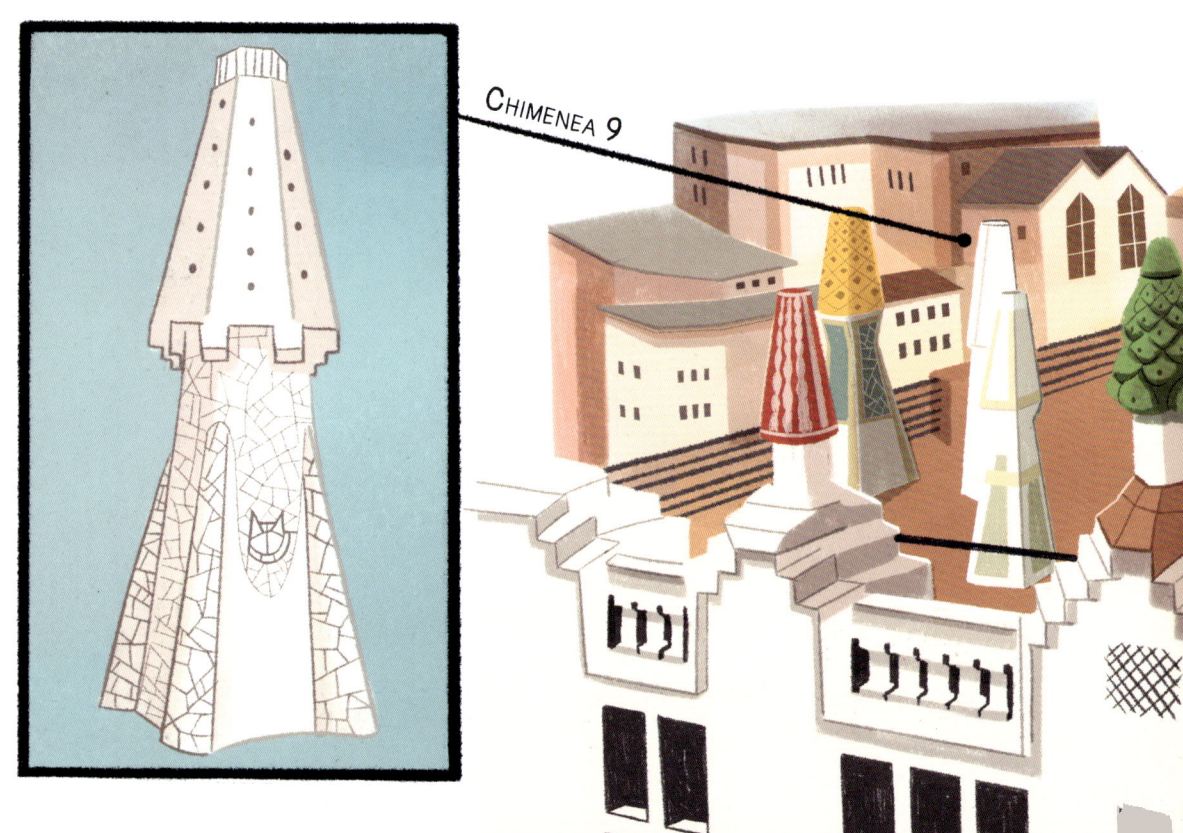

CHIMENEA 9

• Una aguja... ¡olímpica!

Pero ahora ven conmigo y ayúdame a buscar la chimenea número 9.

¿PUEDES VER LA SILUETA DE UN ANIMALITO ENTRE LOS FRAGMENTOS BLANCOS?

¡Es Cobi! La mascota de los Juegos Olímpicos de 1992 que se celebraron aquí mismo, en Barcelona. Probablemente, el perrito fue añadido por uno de los restauradores para rendir homenaje a los Juegos Olímpicos.

Hola, peque. ¡Comenzamos ahora la ruta número tres!

PARQUE DE LA CIUDADELA

4

MUSEO PICASSO

2

PALAU DE LA MÚSICA CATALANA

1

BASÍLICA DE SANTA MARÍA DEL MAR

3

CALLE DE LAS MOSCAS

RUTA - 3

Hoy pasaremos el día explorando el famoso barrio de la Ribera, uno de los barrios con más encanto de la ciudad vieja. Escucharemos música dentro de un extraordinario jardín de piedra, admiraremos las obras de un famoso pintor español y descubriremos algunas curiosidades sobre la gran iglesia gótica de los marineros. Finalmente, después de una deliciosa merienda en el reino de la *xocolata*, nos relajaremos en el parque más grande de la ciudad, habitado por cientos de loros; pero cuidado... ¡TAMBIÉN POR UN MAMUT!

• Distritos y Barrios

La ciudad de Barcelona está dividida en diez distritos, cada uno de los cuales se divide a su vez en barrios. El distrito más antiguo es la Ciutat Vella (Ciudad vieja), formada por un entramado de encantadoras y misteriosas callecitas y callejones que hasta 1850 estaban completamente rodeados de murallas.

• ¡Cuidado con las moscas!

Escondida entre las callecitas del Born, la parte más septentrional de la Ribera, se encuentra la calle más estrecha de Barcelona, la calle de las Moscas. Aquí se encontraban las entradas a los almacenes donde se guardaban las sobras de comida del MERCADO cercano y, por lo tanto, ejem... ¡puedes imaginar fácilmente por qué se llama así!

PALAU DE LA MÚSICA CATALANA

¡Estamos dentro de una de las salas de conciertos más bonitas del mundo!

El Palau de la música catalana es un magnífico edificio de ESTILO MODERNISTA construido como si fuera un jardín de piedra. Al entrar en la sala de conciertos te darás cuenta enseguida de cómo todo recuerda a la NATURALEZA, empezando por la fabulosa CLARABOYA que representa al sol y deja pasar la luz iluminando su interior.

¿A QUÉ TE RECUERDAN LAS ROSAS DEL TECHO?
PISTA: ¡HEMOS HABLADO DE ESTO EN LA PÁG. 22!

MUSEO PICASSO

¡Sígueme por las oscuras callecitas laberínticas del Born hasta el museo de un gran pintor español!

PABLO PICASSO amaba dibujar desde niño. Se cuenta que su primera palabra fue ‹piz› para indicar, justamente, el LÁPIZ. De jovencito, se trasladó a Barcelona donde abrió su primer estudio y más tarde se convirtió en uno de los artistas más famosos del siglo XX.

• Los colores de Picasso

El museo dedicado a él se encuentra en un complejo formado por cinco espléndidos palacios medievales y alberga más de 4 000 de sus obras juveniles, entre ellas las del periodo azul y el periodo rosa, fases en las que en los lienzos del pintor predominaban estos colores.

LÁSTIMA QUE NO HAYA HABIDO TAMBIÉN UN PERIODO VERDE. ¡HABRÍA SIDO UN GRAN MODELO!

BASÍLICA DE SANTA MARÍA DEL MAR

¡Ven, entremos a la iglesia de los marineros!

Más conocida como La Catedral del Mar, la Iglesia de Santa María del Mar es una gran iglesia gótica que se encuentra en el barrio de La Ribera, la zona portuaria de Barcelona. En su construcción, que duró menos de cincuenta años, participó todo el barrio que apoyó las obras tanto con su propio dinero como con su mano de obra.

• La iglesia de los marineros

Los habitantes del barrio deseaban un lugar donde poder rezar a la Virgen María, a la que marineros y pescadores solían acudir antes de cada VIAJE POR MAR y durante las frecuentes tormentas.

ES PRECISAMENTE A ELLA A QUIEN LA BASÍLICA DEBE SU NOMBRE.

• Una piedra tras otra

¿Ves esas extrañas figuras de bronce en la parte superior del portal de entrada?

Son un homenaje a los *bastaixos*, los estibadores que durante las obras de construcción cargaron sobre sus espaldas las grandes y pesadas piedras procedentes de la cantera de Montjuic.

• Una vidriera insólita

¿Qué hace el escudo del equipo de fútbol F.C Barcelona en una de las vidrieras de la Catedral del Mar? En 1960, el club de fútbol financió parte de los trabajos de restauración de la basílica y he aquí el porqué de este insólito homenaje.

Y AHORA, ¿TE APETECE MERENDAR CON UN BUEN CHOCOLATE? AQUÍ, MUY CERCA, DENTRO DE UN ANTIGUO CONVENTO, SE ENCUENTRA EL MUSEU DE LA XOCOLATA. ¡VOLEMOS!

EL PARQUE DE LA CIUDADELA

¡Atravesamos las callecitas del Born para llegar
al parque más grande de la ciudad!

Construido donde en el pasado había un fuerte militar, el Parc de la Ciutadella
es un gran OASIS VERDE donde relajarse, jugar, asistir a uno de los muchos
espectáculos de artistas callejeros o hacer deliciosos pícnics. Entre las
diferentes atracciones que alberga se encuentran zonas de juego, algunos
museos, una fabulosa cascada monumental, un castillo, un invernadero
e incluso un pequeño lago donde se pueden alquilar simpáticas barcas
de remos.

YO, EJEM, PREFIERO LAS NUBES AL AGUA, PERO TÚ PUEDES IR...
ESO SÍ, ¡CUIDADO CON LOS PATOS!

• La dama y el mamut

Entre las esculturas más divertidas del parque se encuentran el *Mamut* y la *Dama del Paraguas*: la primera es una reconstrucción de tamaño natural del gran animal extinto pariente del elefante.

La dama del paraguas es una deliciosa estatua encaramada en una fuente y es tan querida que se ha convertido en el símbolo del parque.

¡NO TE VAYAS SIN DESPEDIRTE!

• Los periquitos que aman Barcelona

Algunas especies de bonitos loros, en particular los PERIQUITOS MONJES, con plumas verdes y vientre amarillo, parecen haber encontrado un hogar en Barcelona. Aunque es fácil verlos casi por todas partes, es realmente imposible no verlos revolotear entre los prados y los árboles de la ciudadela.

Busca y encuentra

3 periquitos con collar
4 periquitos monjes
2 periquitos rojos enmascarados

Mi querido explorador, ¿es posible que ya hayamos llegado a la última ruta?

2 TIBIDABO

3 LABERINT D'HORTA

5 EL TEATRO-MUSEO DE DALÍ (FIGUERES)

1 CAMP NOU

4 LA FUENTE MÁGICA DE MONTJUIC

RUTA - 4

Hoy tomaremos autobuses y metro, teleféricos y funiculares para explorar algunos de los fascinantes destinos que se encuentran fuera del centro de Barcelona: visitaremos uno de los estadios más grandes del mundo y subiremos a un simulador de vuelo; haremos una carrera para ver quién sale primero de un intrincado laberinto y cuando caiga la noche, ¡veremos un espectáculo mágico!

Y para un buen final, saldremos de la ciudad hasta Figueres, para descubrir la extraña locura de un artista realmente genial.

LA SENYERA CATALANA

• La Senyera catalana

La bandera de Cataluña está formada por cuatro bandas rojas sobre un fondo amarillo. Según una leyenda, el origen de la bandera se remonta a hace más de 700 años, cuando al final de una batalla, el rey Carlos ‹el Calvo›, agradecido por la victoria, dibujó con los dedos ensangrentados cuatro líneas rojas en el escudo dorado del oponente.

• El tren fantasma

Compuesto por 12 líneas, el metro es sin duda la forma más rápida de moverse de un lado a otro de Barcelona. Pero atención: si ves un tren evanescente inusual y de aspecto anticuado, ¡no lo cojas!

SEGÚN UNA LEYENDA METROPOLITANA, DE VEZ EN CUANDO, POR LAS ESTACIONES DE LA CIUDAD CIRCULA... ¡UN TREN FANTASMA!

CAMP NOU

Unos pocos minutos en la línea verde, ¡y estamos en ‹la casa›
del FC Barcelona!

El Camp Nou es el estadio más grande de Europa y uno de los más grandes
del mundo.
De hecho, con sus 55 000 metros cuadrados tiene una capacidad de hasta...
¡99 350 espectadores! Inaugurado en 1957, desde el principio se le llamó el
"Camp Nou" (el campo nuevo) simplemente porque... ¡SUSTITUÍA AL VIEJO!
Visitarlo es una experiencia emocionante. De hecho, la visita sigue el mismo
recorrido que hacen los jugadores del Barça, desde el vestuario hasta el
campo de juego y termina con el pequeño Museo, lleno de trofeos y objetos
personales de leyendas del fútbol como Lionel Messi.

• Los colores del equipo
¿Sabes por qué los jugadores y aficionados del Barça se llaman ‹blaugrana›?
Una pista: en catalán *blau* significa azul y *grana* es el rojo oscuro.

TIBIDABO

Para llegar, cogemos primero el metro, luego el tibibus y, al final, "la luciérnaga". ¡Mira qué panorama!

Con poco más de 500 metros de altura, el monte Tibidabo es una colina que se encuentra en las afueras de Barcelona. Es un lugar ideal para relajarse, hacer un pícnic, recorrer senderos naturales, visitar la gran iglesia gótica o pasar unas horas de diversión en el PARQUE DE ATRACCIONES más antiguo de España.

• A bordo de una luciérnaga

Para llegar al parque de atracciones se sube a la Cuca de llum («la luciérnaga»), el nuevo funicular interactivo que transporta a los visitantes hasta la cima.

• Un parque con vistas

El parque de atracciones Tibidabo está abierto desde 1899 y hoy mezcla atracciones modernas como las montañas rusas con el encanto de los viejos juegos *vintage* como el monorraíl *Embruixabruixes*, la colección de autómatas o el *Avió*, ¡el simulador de vuelo que replica el primer avión que viajó de Barcelona a Madrid en 1927! ¿TE ATREVES A SUBIR?

LABERINT D'HORTA

De nuevo, subimos al metro y nos vamos, volamos a uno de los parques más bonitos de Barcelona.

El parque del Laberint d 'Horta es un maravilloso oasis verde situado al norte del centro de la ciudad; además de templos, esculturas griegas, cascadas y arroyos, incluye algunos bonitos jardines, entre ellos, el más antiguo de Barcelona.

• El laberinto vegetal

Una de las partes más encantadoras del parque es, sin duda, su extraordinario LABERINTO. Rodeado de muros realizados podando hábilmente largas barreras de cipreses, este laberinto vegetal invita a los visitantes a aventurarse dentro de estrechos pasajes en busca del centro, donde, rodeado de arcos verdes, te espera la estatua de Eros, el dios del amor.

HAY CUATRO ENTRADAS: ¿QUÉ TE PARECE SI NOS DIVIDIMOS Y VEMOS QUIÉN LLEGA PRIMERO?

• ¿Qué tienen que ver los topos?

¿Sabes qué es el ARTE TOPIARIO? Eh, no, los topos no tienen nada que ver. Se trata más bien de una técnica que consiste en podar árboles y arbustos para crear formas particulares como animales, objetos o personas. Puedes encontrar un bonito ejemplo de este arte en el JARDÍN DE LOS BOJES.

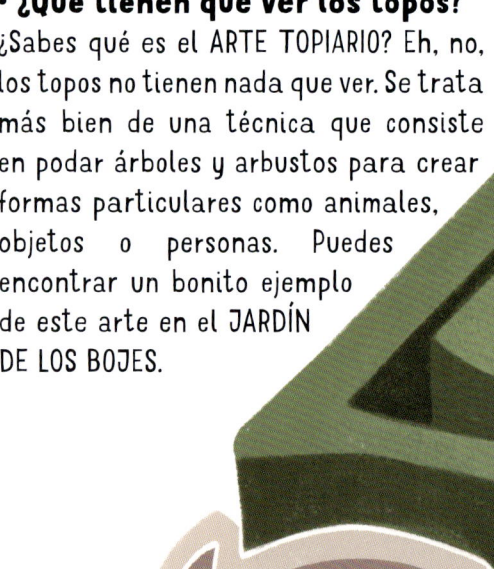

Busca y encuentra

unas gafas
un sombrero
un cuaderno
una pelota
unos cascos (auriculares)

LA FUENTE MÁGICA DE MONTJUIC

Sígueme en las escaleras mecánicas,
¡el espectáculo está a punto de comenzar!

Construida en 1929 con motivo de la Exposición Universal, la Font Màgica es una gigantesca fuente en forma de elipse caracterizada por treinta juegos de agua, cada uno con su propia combinación de colores. El resultado es un espectáculo que conjuga 7 000 millones de combinaciones que en algunos días de la semana dan vida a una coreografía encantada de música, chorros y luces capaz de dejar a todos, ¡con la boca abierta!

• Una montaña llena de sorpresas

Montjuic es una colina de 192 metros de altura que se encuentra al sur de Barcelona. Además de la FUENTE MÁGICA, incluye muchas otras atracciones: la reconstrucción de un pequeño pueblo medieval, un museo de arte, el estadio olímpico, un precioso jardín botánico e incluso un castillo.

¡SUBIR CON EL *TELEFÉRIC* ES UNA EXPERIENCIA INOLVIDABLE!

• Las cuatro columnas de Montjuic

¿Ves esas gigantescas columnas al lado de la fuente?
Erigidas en 1919, tienen 20 metros de altura y representan las CUATRO
BANDAS DE LA BANDERA CATALANA. Lamentablemente, después de solo
nueve años, fueron destruidas, ¡pero en 2010 volvieron a representar la
cultura de esta bella región española!

EL TEATRO-MUSEO DALÍ
FIGUERES

Para la última etapa de nuestro viaje dejamos Barcelona, para descubrir el excéntrico reino de uno de los artistas españoles más extravagantes. Imagina un mundo donde los gatos tienen alas, los elefantes caminan sobre patas que parecen zancos, y los relojes se derriten como el queso fundido sobre las patatas.

NO, ¡NO ME VOLVÍ LOCO! ESTAS IMÁGENES SURREALISTAS NO SON OTRA COSA QUE LAS HISTORIAS FANTÁSTICAS QUE SALVADOR DALÍ CONTABA EN SUS OBRAS.

• El pintor con bigote

Dalí nació en 1904 aquí mismo, en Figueres, y desde niño demostró tener una imaginación extraordinaria. Le encantaba transformar la realidad en extraños sueños de colores que pintaba y esculpía. Su aspecto también era excéntrico. Llevaba UN LARGO BIGOTE CÓNICO HACIA ARRIBA que cuidaba y peinaba con cuidado y que se convirtió en el SÍMBOLO de su personalidad original.

• El pan Dalí

El pan de *crostons* es un tipo de pan de tres puntas que recuerda la forma del SOMBRERO DE UN TORERO. Se cuenta que, de niño, Dalí tenía la costumbre de vaciarlo y ponérselo para sorprender a sus padres. Yo, ejem, prefiero comerlo.

¡ES MUY DELICIOSO!

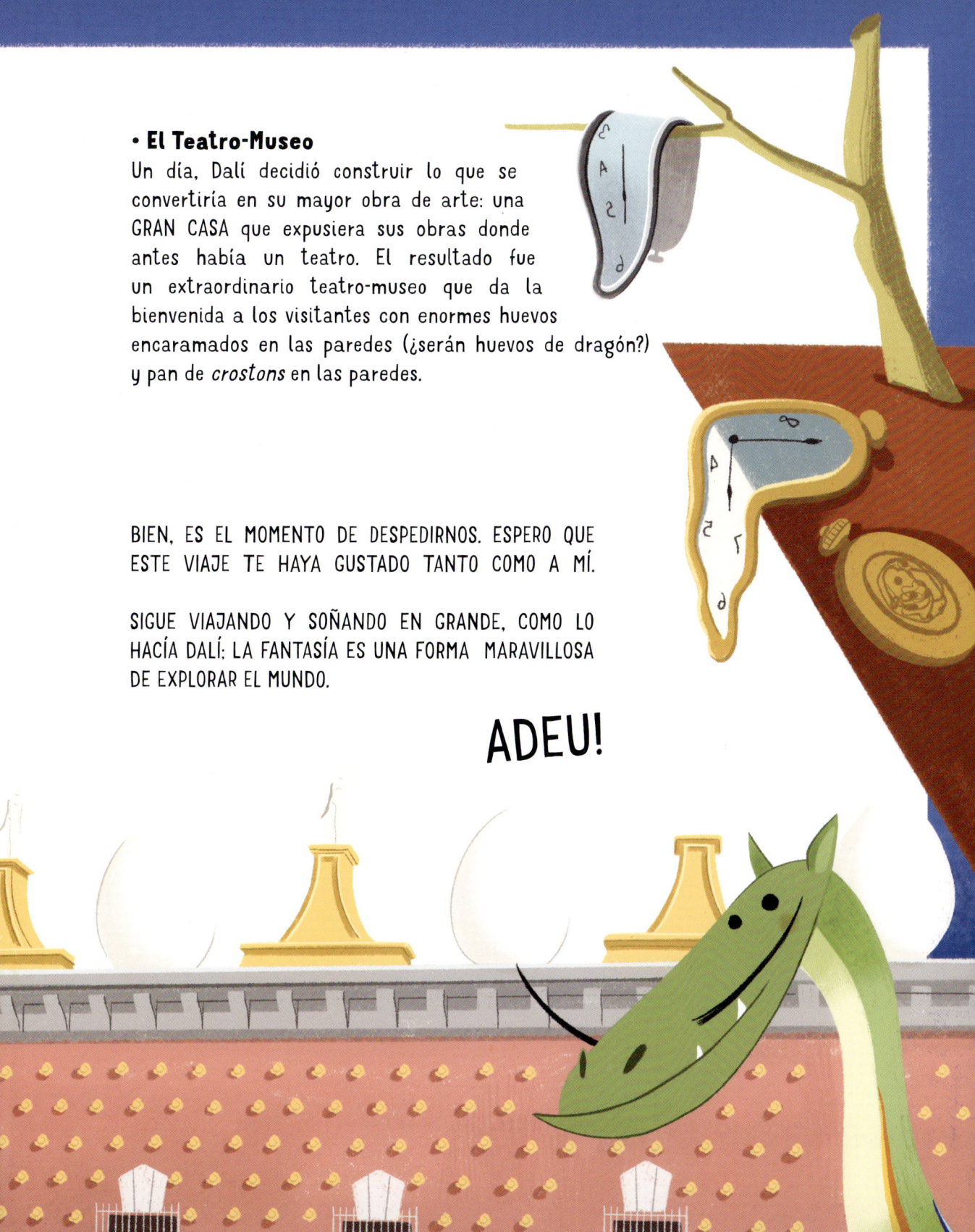

• El Teatro-Museo

Un día, Dalí decidió construir lo que se convertiría en su mayor obra de arte: una GRAN CASA que expusiera sus obras donde antes había un teatro. El resultado fue un extraordinario teatro-museo que da la bienvenida a los visitantes con enormes huevos encaramados en las paredes (¿serán huevos de dragón?) y pan de *crostons* en las paredes.

BIEN, ES EL MOMENTO DE DESPEDIRNOS. ESPERO QUE ESTE VIAJE TE HAYA GUSTADO TANTO COMO A MÍ.

SIGUE VIAJANDO Y SOÑANDO EN GRANDE, COMO LO HACÍA DALÍ: LA FANTASÍA ES UNA FORMA MARAVILLOSA DE EXPLORAR EL MUNDO.

ADEU!

LAURA RE

Nacida en Roma, asistió a la Escuela Romana de Cómics. Inmediatamente después, colaboró con estudios de animación, donde ocupó el puesto de diseñadora de personajes, artista conceptual e ilustradora. Tras asistir a la Escuela Internacional de Ilustración de Sàrmede, se trasladó a Milán para cursar el Máster en Ilustración de Mimaster. Aquí ha profundizado sus conocimientos sobre la edición y la ilustración infantil.

DANIELA CELLI

Nació en Florencia en 1977. Después de estudiar piano en el conservatorio "Luigi Cherubini", se trasladó a Nueva York, donde comenzó a estudiar Criminología. En 1997 regresó a Italia y se graduó en Derecho y obtuvo, además, un diploma en la Academia de Artes Dramáticas. Siempre apasionada por los viajes, desde 2008 escribe en un blog sobre las aventuras con su familia viajando por todo el mundo.

Maquetación: Valentina Figus

© 2024 White Star s.r.l.
Piazzale Luigi Cadorna, 6
20123 Milán, Italia
www.whitestar.it

Licenciatario de National Geographic Partners, LLC.

NATIONAL GEOGRAPHIC and Yellow Border Design are trademarks of the National Geographic Society, used under license.

Traducción: Qontent
Edición: Yaiza Leal Cañizares

ISBN 978-88-540-5619-0
1 2 3 4 5 6   28 27 26 25 24

Impreso en China
por XY Cultural and Creative Park, Guangzhou

MIXTO
Papel | Apoyando la silvicultura responsable
FSC® C178000
FSC www.fsc.org

El Drac, español desde hace innumerables generaciones, cuenta en su familia con ilustres antepasados y también con algunas ovejas negras. ¡Le encanta sobrevolar los tejados de Barcelona, las historias con final feliz y, sobre todo, cualquier receta en la que haya patatas!

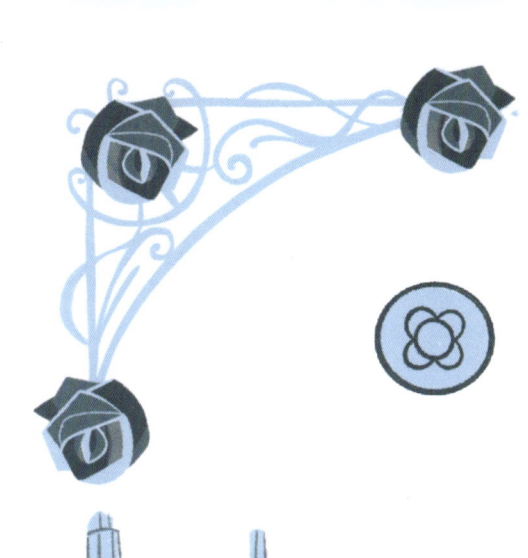

LA RAMBLA

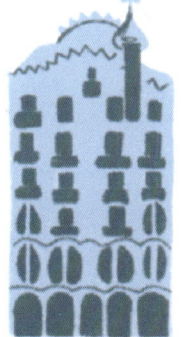

LA RAMBLA